写在前面的话

汉字是世界上最古老的文字之一，它就像一位从历史的长河中向我们走来的长者，带着伟大的智慧和传奇的故事，吸引着我们对它一探究竟。

大概六千年前，我国的先民们在陶器上刻画了许多简单的符号，它们被认为是汉字的祖先。

在四千多年前，出现了早期的象形文字。在三千多年前的殷商时期，有了刻在龟甲、兽骨上的文字——甲骨文。然后，从商代末期开始，刻在铜器上的金文出现了。随着时代的发展，后来又出现了篆书、隶书、楷书等，并逐步形成了我们今天使用的汉字体系。

在所有的古文明中，只有中华文明得以传承下来，这和汉字有很大的关系。因为，汉字是几大古老文字中唯一不间断、一直沿用至今的文字，所以即使时隔几千年，我们依然能读懂古人撰写的典籍。

那么，你知道三千多年前，我们的祖先使用的汉字是什么样的吗？你知道汉字在传承的过程中发生了哪些变化吗？你知道每个汉字的背后都有哪些有趣的故事吗？本书将一一为你揭晓这些问题的答案。

传承几千年的文明和统一的文字，是我们身为中国人的骄傲，因此，我们更应该学好汉字。那么，就让我们一起走进汉字的世界，去探寻汉字的奥秘吧！

（第二辑）

知书识礼

文字的奥秘

邝艳春／编

李亚男／绘

广西人民出版社

图书在版编目（CIP）数据

文字的奥秘.第二辑，知书识礼/邝艳春编；李亚男绘.—南宁：广西人民出版社，2024.3（2025.4重印）

ISBN 978-7-219-11710-1

Ⅰ.①文… Ⅱ.①邝… ②李… Ⅲ.①汉字—少儿读物 Ⅳ.① H12-49

中国国家版本馆 CIP 数据核字（2024）第 008291 号

WENZI DE AOMI（DI-ER JI）· ZHISHU-SHILI

文字的奥秘（第二辑）·知书识礼

邝艳春 编

李亚男 绘

出 品 人 唐 勇
策划编辑 梁凤华
责任编辑 覃结玲
责任校对 梁小琪
装帧设计 王程媛

出版发行 广西人民出版社
社 址 广西南宁市桂春路 6 号
邮 编 530021
印 刷 广西民族印刷包装集团有限公司
开 本 787mm×1092mm 1/16
印 张 10
字 数 78 千字
版 次 2024 年 3 月 第 1 版
印 次 2025 年 4 月 第 4 次印刷
书 号 ISBN 978-7-219-11710-1
定 价 38.00 元

目录

德才兼备

称谓常识

　　古人的称谓远比现代人复杂，尊称和谦称的使用非常讲究，且从称谓上就能辨别出人的地位尊卑。恰当地使用称谓，是有文化教养的体现，也是社交活动中的一种基本礼仪。

fù

"父"一开始就指父亲吗

甲骨文　　　金文　　　小篆　　　楷书

汉字我知道

　　父亲是家里的顶梁柱，就像一座山，让我们感到安稳踏实。但想不到吧，"父"一开始并不指父亲。

　　"父"的甲骨文字形像一个人手上拿着石斧，因此"父"的本义是拿着斧子从事野外劳动的男子。现在"父"的本义已经不再使用，而是引申为父亲，也可指对男性长辈的通称，如伯父、姨父、祖父等。"父"读作"fǔ"时，用来表示对老年男子的尊称，如渔父。

古人称呼自己的父亲，一般会在前面加上"家""老""先"等称呼。

在前面加上"家"字的称呼，有家父、家公、家君、家翁、家严等。

在前面加上"老"字的称呼，有老爹、老父、老尊、老爷子等。

古人尊称自己去世的父亲，会称先父、先君子、先夫子、先严等。

夸父逐日

夸父是古代传说中的巨人，力大无穷。有一年天气炎热，人们热得难以忍受，于是夸父告诉族人，他要去追赶太阳，捉住它，让它听人指挥。当他追赶太阳到达太阳将要落下的地方时，感到口干舌燥，就跑到黄河和渭水边上去喝水，结果河水都被他喝干了，他还是渴得受不了。他又想去喝北方大泽的水，可还没有走到那里，就渴死在半路上了。

夸父临死的时候丢掉了手中的木杖，木杖就变成了一片硕果累累的桃林。

成语"夸父逐日"常用来比喻决心很大，有时也用来比喻不自量力。

mǔ

母

除了母亲，"母"还可以用来称呼谁

| 甲骨文 | 金文 | 小篆 | 楷书 |

汉字我知道

每天放学回家，很多小朋友第一个找的是母亲。母亲为我们做各种好吃的，为我们准备合适的衣物，无微不至地关爱我们。

"母"的甲骨文字形就像双臂放在胸前的成年女性坐着的样子。"母"的本义是母亲。现在"母"可泛指女性长辈，或者用作对女性长辈的称呼，如姑母、伯母、姨母等。

在我国历史上，出现了许多重视教育的慈母，其中深为后人敬仰的有以下几位：

孟母：孟子的母亲，为了让孟子有良好的学习环境，三次搬家。

陶母：陶侃的母亲，教育陶侃要真诚对待朋友，谨慎交友，清廉做官。

欧阳母：欧阳修的母亲，用荻草秆在沙子上教欧阳修写字，还教他诵读许多古人的诗篇，使欧阳修养成了认真学习的好习惯。

岳母：岳飞的母亲，教育岳飞要尽忠报国，让岳飞保持爱国之心。

孟母断织教子

孟子小的时候，有一次放学回家，他的母亲正在织布。见孟子回来，孟母便问道："学习怎么样了？"孟子漫不经心地说："跟过去一样。"孟母见他无所谓的样子，十分恼火，就用剪刀把织好的布剪断。孟子见状害怕极了，就问母亲为什么要发这样大的火。

孟母说："你荒废学业，如同我剪断这布一样。有德行的人通过学习树立名声，靠着多问增长知识，所以平时能平安无事，做起事来就可以避开祸害。如果你现在荒废了学业，将来就不免会做苦力，且难以避免祸患。"孟子听后深受启发，从此，他从早到晚勤学不止，把子思当作老师，终于成了天下有大学问之人。

gōng

公

"公"一开始就指老爷爷吗

| 甲骨文 | 金文 | 小篆 | 楷书 |

汉字我知道

外公、公公、寿星公……我们把很多上了年纪的老爷爷称为"公"。那"公"的本义就是老爷爷吗？

"公"的甲骨文上面是"八"，表示相背；下面是"厶"，而"厶"是"厶"（"私"的省略写法）的异体字。这两部分合起来，就表示与私相背。因此，"公"的本义是公正。随着字义的演变，"公"的引申义有很多，常用的字义有公事、对老年男子的尊称等。

　　我国有"礼仪之邦"之称，除了"公"，还有很多尊称和敬称。

　　"令"常用来表示对别人亲属的尊敬，比如令堂是对别人母亲的尊称，令尊是对别人父亲的尊称。

　　"惠"是敬辞，用于对方对待自己的行动，比如商家在欢迎顾客时，经常会说："欢迎惠顾。"

　　"垂"也是敬辞，用于别人（多指长辈或上级）对待自己的行动，如垂问。

愚公移山

　　传说古时候有太行山与王屋山两座大山，方圆七百里，高七八千丈。北山住着一位叫愚公的老人，他已经快九十岁了，因被这两座大山阻挡，出行很不方便。

　　于是，愚公打算把这两座大山搬走。与家人商量后，他带着儿孙

每天辛苦地挖山。一个叫智叟的老人听说这件事后，就来劝愚公："你这样做太不聪明了，就凭你的力量，怎么可能把这两座大山挖平呢？"

愚公回答说："即使我死了，我的儿子还在呀！儿子死了，还有孙子，孙子又生孩子。子子孙孙不会穷尽，而这两座大山不会长高，怎么会挖不平呢？"

后来天帝知道此事，被愚公的精神感动，派大力神将两座山背走了。

成语"愚公移山"比喻做事有毅力、有恒心，不怕困难。

bó

伯

排行第几称为"伯"

| 甲骨文 | 金文 | 小篆 | 楷书 |

汉字我知道

观看乒乓球、羽毛球等比赛时，如果双方实力不相上下，人们会说他们不分伯仲，也就是不分第一、第二。那你知道"伯"的本义是什么吗？

"伯"的甲骨文像拇指的形状，因此"伯"的本义是拇指。现在"伯"的本义已经不再使用，常用的引申义有兄弟中排行第一者、伯父等。另外，人们常称呼跟父亲辈分相同而年纪较大的男子为"伯"，比如大伯、表伯等。

　　"伯仲叔季"是兄弟排行的次序。老大称为"伯"，排在第二位的称为"仲"，排在第三位的称为"叔"，排在第四位或最小的称为"季"。

　　"伯仲叔季"也可用于对父辈的称呼，比如称呼父亲的哥哥为伯父，称呼父亲的弟弟为叔父。有时，人们称呼父亲的大弟弟为仲父，称呼父亲的小弟弟为季父。

伯乐相马

春秋时期，有一个叫孙阳的人，是识别马匹好坏的行家。在神话传说中，掌管天马的神仙叫伯乐，人们为了表示对孙阳的尊敬，都称呼他为伯乐。

一次，伯乐受楚王委托，购买能日行千里的骏马。为了找到中意的良马，他四处奔走。一天，他在路上看到一匹骨瘦如柴的老马正吃力地拉着一车盐。盐车拉到半山腰，马就累得没有力气了，不得不停下来休息。

伯乐一眼就看出这是一匹千里马，他觉得很可惜，就脱下自己的衣服盖在马的身上。马像遇到了知音一样，将头紧紧地贴在伯乐的胸前。不一会儿，马仰起头，使劲地嘶鸣起来，声音非常洪亮。

后来，伯乐将这匹马推荐给楚王。经过精心喂养，千里马变得精壮神骏，日行千里，为楚王驰骋沙场立下不少功劳。

成语"伯乐相马"用来比喻善于发现、识别和任用人才。

fū

夫

成年男子可做"丈夫"

甲骨文	金文	小篆	楷书

汉字我知道

　　古人结婚后，女子称呼自己的伴侣为"丈夫"。那古代男子要多少岁才能结婚成为"丈夫"？"夫"的本义又是什么呢？

　　"夫"的甲骨文像束发插簪的成年男子的样子，上面的"一"表示头上的簪子，因此"夫"的本义指成年男子。古代男子二十岁成年。现在"夫"常用的字义有：丈夫，如夫妻；从事某种体力劳动的人，如船夫。"夫"读作"fú"时，常表示第三人称，相当于"他"。

15

下面有关"夫"字的词语意思各不相同：

老夫：年老男子的自称。

匹夫：一个人，泛指平常人；指无学识、无智谋的人。

迂夫子：迂腐的读书人。

凡夫俗子：平庸的人，也指没有能力、碌碌无为的人。

夫唱妇随的梁鸿和孟光

东汉时，一名叫孟光的女子看上了穷秀才梁鸿，执意嫁给他。孟光刚嫁到梁鸿家里的时候，每天都穿戴得很漂亮，梁鸿却一连七天都不理她。孟光问他原因，梁鸿说："我想要的是可以穿粗布衣服，能同我一起到深山隐居的妻子。而你穿得这样华丽，怎么合我的心意呢？"孟光听后，换上朴素的衣服，开始勤劳耕作。

后来，孟光随梁鸿在深山里隐居，两人互敬互爱，过着简朴而愉快的生活。

梁鸿和孟光可谓是古代夫唱妇随的典范。"夫唱妇随"原指封建社会中妻子必须服从丈夫，现比喻夫妻和睦相处。

wú

吾

"吾"就是"我"

吾	吾	吾
金文	小篆	楷书

汉字我知道

看影视剧时，我们时不时会听到"吾辈""吾爱"等话语，想必你已经知道，"吾"就是"我"的意思。

"吾"的金文上面是"五"，用来提示字的读音；下面是"口"，本来是指人的口，这里表示"我"。"吾"的本义是"我"。现在"吾"多表示第一人称我、我们，也可以引申为我的、我们的。

　　春秋末期思想家曾子说过："吾日三省吾身：为人谋而不忠乎？与朋友交而不信乎？传不习乎？"

　　这就是我们常说的"三省吾身"的由来，即每天多次反省自己，看看自己哪里还有不足，然后加以改正。

入吾彀（gòu）中

唐朝时，唐太宗李世民特别重视选拔人才，因此设立御史府，每年都选取进士。有一次，李世民去御史府视察，看到很多新录取的进士像游鱼那样一个跟着一个从金殿大门出去，于是他非常高兴地说道："天下英雄入吾彀中矣！"（意思是："天下的英雄都投奔我，都为我所用了！"）

成语"入吾彀中"的意思是"进到我的弓箭的射程之内了"，比喻他人进入自己所设的圈套之中或在自己的掌握之中。

quǎn

犬

想不到吧，"犬"也可用于谦称

| 甲骨文 | 金文 | 小篆 | 楷书 |

汉字我知道

　　狗在中国最早被称为"犬"，它是人类最早驯化的家养动物之一，自古便和人类有密切的联系。

　　"犬"的甲骨文很形象，像一只头朝上、尾巴朝下、四肢朝左的狗。现在"犬"常用的引申义有两种：一种是对自己的谦称，如犬子、犬马之劳；另一种是对人的蔑称。

21

　　"犬子"原本是西汉辞赋家司马相如的乳名。司马相如长大后，觉得自己的名字不好听，又十分仰慕蔺相如的为人，就给自己改名为相如。后来，司马相如成名了，他的乳名叫"犬子"也被很多人知道了，大家都争相效仿，谦称自家的儿子为"犬子"。

鸡犬不宁

唐朝中期，柳宗元被贬到永州，遇到一个姓蒋的捕蛇者，捕蛇者的父亲和祖父都是被毒蛇咬死的，可他还是继续捕蛇，柳宗元问他其中的原因。

捕蛇者说，虽然捕蛇可能会失去生命，但比种田的人要好很多倍。种田的人辛苦劳作，却要拿出土地上所有产出的东西交租税，自己只能忍饥挨饿，甚至会惨死在路边。凶狠的官吏经常来催交各种赋税，不仅人担惊受怕，就连村子里的鸡和狗都不得安宁。很多乡邻都逃亡了，他还能留在这里，已经很幸运了。

成语"鸡犬不宁"形容搅扰得厉害，连鸡狗都不得安宁。

zhèn

朕

御用自称，皇帝专属

甲骨文	金文	小篆	楷书

汉字我知道

　　古装影视剧里的皇帝大多自称"朕"。那"朕"一开始就是皇帝的自称吗？它的本义是什么呢？

　　"朕"的甲骨文左边是双手握着竹竿的样子，右边是"舟"，这两部分合起来就是双手持竹竿撑船的样子，故而"朕"的本义是舟缝。随着字义的演变，"朕"后来常用的字义是皇帝的自称，比如"朕为始皇帝"。

　　"朕"一开始并不是皇帝的自称，在秦朝之前，"朕"是"我"的意思，是古人的自称，谁都可以用。

　　后来秦朝建立，秦始皇创立了"皇帝"的尊号，在丞相李斯等人的建议下，把"朕"作为皇帝专用的自称。从此，直至清朝，"朕"都只能作为皇帝的自称。

秦始皇统一六国

战国后期，秦国成为七国中势力最强大的国家。从公元前230年至公元前221年，秦国先后灭掉了其他六国。秦王嬴政于公元前221年建立了我国历史上第一个统一的中央集权的封建国家——秦朝，并自称"秦始皇"。

秦始皇统一六国以后，规定最高统治者称皇帝，国家一切大事都由皇帝一个人决定，主要官吏由皇帝来任免。在中央，皇帝以下设立丞相、太尉、御史大夫等；在地方，施行郡县制，把全国划成三十六个郡，郡下设县。于是，郡县制度就在我国长期沿用下来。此外，秦始皇还统一了文字、货币和度量衡等，这些举措对后世产生了深远的影响。

chén

臣

"臣"一开始并不指大臣

| 甲骨文 | 金文 | 小篆 | 楷书 |

汉字我知道

　　姜太公、管仲、张良……历史上出现了很多著名的大臣，他们为所在的朝代立下了汗马功劳，赢得了人们的尊敬。那"臣"是一开始就指大臣吗？

　　"臣"的甲骨文像一只竖立的眼睛，人在低头时，眼睛是处于竖立的位置，表示俯首屈从，因此"臣"的本义是奴隶。后来，"臣"的字义演变为指古代的官吏，也可作为古代官员对皇帝上书或说话时的自称。

　　三国时的政治家、军事家诸葛亮在《出师表》中写道"臣本布衣"，意思是"我原本就是一个普通百姓"，这里的"臣"是诸葛亮的自称。

　　在古代，君臣之间有着严格的界限。比如有一个成语叫"北面称臣"，原意是古代的君主坐北朝南，臣子要面向北方朝拜，用来表示臣服于别人。现在该成语也用于表示某些方面不如别人，甘愿认输。

一朝天子一朝臣

清乾隆年间，一次殿试结束后，评卷大臣们一致推荐秦大士为第一名，并报给皇帝钦定。乾隆怀疑秦大士是奸臣秦桧的后人，定他为第一名有损朝廷名声，便召见他，问道："你是不是秦桧的后代？"秦大士跪在地上，不知该如何回答。如果说出实情，他担心会对自己的前程不利；如果隐瞒，他就犯了欺君之罪。

秦大士想了想，壮起胆子说道："皇上，一朝天子一朝臣。"秦大士果然聪明，他这样说就表明：宋高宗是昏君，用的是奸臣；而乾隆是明君，用的是忠臣。乾隆听后，非常高兴，立即钦点秦大士为状元。

"一朝天子一朝臣"原意是指帝王更换，下面的臣子也随之更换；后泛指一个人上台，就另换一班人马。

nú

奴

"奴"专指仆人吗

金文　　　小篆　　　楷书

汉字我知道

　　奴婢、奴才，是古代对仆人的称呼，但"奴"专指仆人吗？

　　金文"奴"的左上部分是"女"，右下部分是"手"，这两部分合在一起，就表示掠夺俘虏为奴。因此，"奴"的本义是奴隶。"奴"在古代常用的字义有奴仆、奴婢，还可以用作男女自称的谦辞等。后来"奴"也引申称失去某种自由的人，含贬义或戏谑（xuè）意，如守财奴、车奴、房奴等。

　　"守财奴"是指有钱但非常吝啬的人。在我国古代文学作品中，有不少守财奴的形象，其中十分典型的是清代小说家吴敬梓写的《儒林外史》中的严监生。

　　严监生虽家财万贯，但极度吝啬。他临终之际，见灯盏内点着两根灯草，担心耗油过多，伸出两个指头，迟迟不肯断气，直到他的家人猜测到他的意思，挑掉一根灯草，他才肯断气。

奴颜婢膝

南宋末年，南宋与南下的元兵交战，可因兵力不足，连吃败仗，南宋面临被灭亡的危机。但昏庸的宋度宗每天只知道享乐，宰相贾似道则隐瞒敌情，不让皇帝知道真实战况。

大臣陈仲微清楚国家的形势已极为严峻，便上书宋度宗说："徽宗、钦宗在位时，君臣都极为昏庸，敌人打进来时，那些人向敌人屈膝投降，犹如奴才一样满脸堆笑，像婢女那样跪下求饶，我们要引以为戒啊！"但宋度宗根本没有将陈仲微的话放在心上，依然纵情声色。宋度宗死后不久，南宋就灭亡了。

成语"奴颜婢膝"形容卑躬屈膝奉承巴结的样子。

wáng

王

古代的王爷是什么身份

大　王　王　王

甲骨文　　金文　　小篆　　楷书

汉字我知道

　　兰陵王、八贤王、恭亲王……这些"王"指的是王爷，那你知道王爷是什么身份吗？"王"是不是就指王爷呢？

　　"王"的甲骨文像带手柄的宽刃斧钺（yuè），用来表示拥有生杀大权的最高统治者，因此"王"的本义是古代最高统治者，也就是君王。秦始皇以后，古代最高统治者改称皇帝，所以"王"就成了封建社会的最高封爵，如王爷。"王"还常用来表示一族或一类中的首领，比如蜂王、鸟兽之王等。

　　"王"的甲骨文字形为什么像斧钺的形状呢？这是因为在古代，斧钺不仅是极重要的工具，还是一种十分厉害的武器，是军权和统治权的象征。统治者进行礼仪活动时，斧钺同样不可或缺。春秋战国以来，斧钺逐渐失去昔日的辉煌地位。宋代以后，斧钺就非常少见了。

霸王别姬

楚汉相争时期，楚霸王项羽屯兵垓（gāi）下，被汉王刘邦的军队重重包围。一天晚上，项羽急得睡不着觉，忽然听到四面八方传来楚歌，他感叹道："难道汉王已经得到楚地了？为什么他的军中楚人这么多？"他想到自己有宠爱的虞姬和骏马乌骓（zhuī），便唱道："力拔山兮气盖世，时不利兮骓不逝。骓不逝兮可奈何，虞兮虞兮奈若何！"（意思是："力量可以拔起大山，豪气世上无人能比。可时运不佳，宝马也再难奔驰。乌骓马不前进，我能怎么办呢？虞姬啊，虞姬啊！我该拿你怎么办？"）

虞姬伴随着项羽的歌声翩翩起舞，项羽知道自己即将战败，便哭起来，将士们见此都忍不住落泪。后来虞姬自杀，项羽杀出重围，至乌江时，自觉无颜再见江东父老，于是自刎而死。

jūn

君

什么样的人可称君子

| 甲骨文 | 金文 | 小篆 | 楷书 |

汉字我知道

古人称赞一个人品格高尚时，常说"谦谦君子"。那你知道"君"是什么意思吗？

"君"的甲骨文上面像一只手拿着笔的样子，表示治理国家；下面是"口"，表示发布命令。这两部分合起来，表示拥有土地的统治者。因此，"君"的本义是古代大夫以上拥有土地的各级统治者的通称。现在"君"常用的字义有君主、人格高尚的人；也可作敬称，相当于"您"。

在我国，梅、兰、竹、菊因自身的特点而被人们称作"四君子"。

梅，淡雅芳香，具有傲雪凌寒的特征，常用来象征坚强、高洁的人。兰，色淡清香，常被作为谦谦君子的象征。竹，刚直、不卑不亢，常被作为高风亮节之人的象征。菊，美丽却不与群芳争艳，常用来象征世无争的人。

君子之交淡如水

唐贞观年间，薛仁贵和妻子住在一个破窑洞里，日子过得非常苦，好在同乡王茂生夫妇经常接济他们。

后来，薛仁贵参军，因战功显赫，飞黄腾达，很多文武大臣都来给薛仁贵送礼，但都被他婉言谢绝了，他唯一收下的礼物就是王茂生送来的两坛"美酒"。

薛仁贵打开酒坛后，发现里面装的不是美酒而是清水，他不但不生气，还连喝了三大碗。他对众人说道："我过去落难的时候，全靠王兄弟夫妇帮助。如今我发达了，却只收下王兄弟的清水，因为我知道他家贫寒，送清水也是他的一番好意，这就叫'君子之交淡如水'。"

hòu

后

"后"一开始并不指皇后

甲骨文	金文	小篆	楷书

汉字我知道

提起"后",很多人会想到仪态端庄的皇后,但其实"后"一开始并不指皇后。

"后"的甲骨文左上部像一个人,右下部像一个孩子,这两部分合在一起,就表示生小孩。"后"的本义是女性酋长,现在该本义已经不再使用,引申为帝王的妻子等含义。

春秋战国时期，诸侯的正妻称君夫人。秦灭六国后，最高统治者称皇帝，其正妻称皇后。

古代皇后的寝宫多位于正宫的中央，因此皇后又被称为正宫娘娘。明代皇后的寝宫坤宁宫就位于紫禁城的中轴线上。

贤惠的长孙皇后

长孙皇后是唐太宗李世民的妻子，她自幼爱读史书，常以古时的善恶得失为鉴。她不干预朝政，却能时时对李世民进行有益的劝谏，提醒他亲近贤臣，远离佞臣。李世民能任用犯颜直谏的魏征，很大程度上是长孙皇后的功劳。每每李世民生气，想惩罚那些敢于谏言的大臣，长孙皇后便会出面安抚李世民，保护贤良的臣子。李世民之所以能开创贞观之治，除了有一批贤臣辅佐，还离不开长孙皇后的规劝。

长孙皇后去世，李世民悲痛不已，对亲近的大臣说朝内失去了一位贤良的辅佐之人。

fù

傅

古代帝王或王子的老师

傅	傅	傅
金文	小篆	楷书

汉字我知道

　　老师在我们成长过程中的作用很大，他们传授我们知识，教育我们养成良好的行为习惯。古代的帝王和王子也有自己的老师，称为"太傅"。那"傅"的本义是什么呢？

　　"傅"的金文左边是"人"，这里指教导、辅佐帝王或者王子的人；右边是"尃"，用来提示字的读音。因此，"傅"的本义是教导、辅佐帝王或者王子的人。现在"傅"泛指负责教导或传授技艺的人，如师傅。

趣味小知识

　　太傅是我国古代的官职，始设于西周，最初是由周公旦担任，主要的职责是辅佐帝王或担任帝王的老师，掌管礼法的制定和颁行，权力非常大。如果皇帝年龄小或皇室权力削弱时，他们通常会成为真正的统治者。

　　太傅这一官职在秦朝、隋朝时曾被废止，其他朝代都设有。明代以后，太傅一职逐渐成为虚衔。

有才能的太傅周公旦

周公旦是西周一位非常有才能的太傅。他是周武王姬发的弟弟，兄弟俩常常一起讨论国家大事。周武王有推翻商朝统治的打算，但担心得不到诸侯的配合与响应，便向周公旦请教。

周公旦说，决定的因素在于德，不要冒犯诸侯们，要与诸侯们建立良好的关系，一定要以德服人，勤勉努力，事情自然会做成。

在周公旦的辅佐下，周国日益强大。后来，周武王联合庸、蜀、羌等部族，推翻了商朝的统治，建立了周朝。

彬彬有礼

　　我国素有"礼仪之邦"的美誉。汉字作为记录汉语的符号系统，蕴含了非常丰富的礼仪文化。让我们通过汉字，去了解古人是如何彬彬有礼的。

jié

节

有礼有节，讲礼仪规矩

金文	小篆	楷书

汉字我知道

　　古人对礼节的重视，反映在坐立行走等生活的各个方面，甚至连穿袜、脱袜都有规矩。重视礼节，体现了对他人的尊重。那"节"的本义是礼节吗？

　　"节"的金文上面是"竹"，在这里指竹节；下面是"即"，用来提示字的读音。因此，"节"的本义是竹节。随着字义的演变，现在"节"常用的字义有节日、环节、气节、礼节、节约、节制等。

我国古代有一种"趋礼"，即地位低的人在地位高的人面前走过时，要弯腰低头、小步快走，用这种方式表示对地位高的人的尊重。

另外，在传统行走礼仪中，还要求人们遵守"行不中道，立不中门"的原则，即在走路的时候不要走在路中间，站立的时候不要站在门中间。这样既可以表示对地位高的人的尊重，也方便避让行人。

姜太公简化烦琐的礼节

周武王去世后，周公旦为辅佐年幼的成王，就留在朝廷做官，他的儿子伯禽成了新的鲁公。伯禽过了三年，才给周公旦汇报他治理鲁国的情况。周公旦问他为什么这么久才来，伯禽说："我改变当地人的风俗习惯，革新原来的礼制，长辈去世，晚辈必须穿丧服满三年才可以脱掉。三年时间当地人才慢慢适应了我们推行的政令，所以来迟了。"

周武王的军师姜太公分封到齐国后，只过了五个月，便向周公旦汇报治理齐国的情况。周公旦问他为什么这么快，姜太公回答说："我简化了齐国君臣的礼节，一切按照当地的风俗办。"听完，周公旦感叹道："鲁国的后代一定会向齐国臣服。政令太烦琐，百姓就不愿意靠近；政令简单，百姓一定会归顺。"

diǎn

典

古代也会举行盛大的庆典吗

甲骨文	金文	小篆	楷书

汉字我知道

今天，遇到值得纪念的日子或重大的节日时，人们经常会举行盛大的庆典。古时，人们也会举行各种隆重的庆典。那"典"的本义是什么？

"典"的甲骨文字形像用双手恭敬地捧着书册，因此"典"的本义指重要的书籍。随着字义的演变，"典"的字义越来越丰富，有法令、制度、典礼、典故等含义。

　　四书五经是四书与五经的合称，均是古代重要的典籍。四书指《大学》《中庸》《论语》《孟子》，四书之名始立于宋朝。五经指《诗》《书》《礼》《易》《春秋》，五经之名始称于汉武帝时。四书五经记载了我国古代军事、政治、外交、文化等方面的史实资料和思想家的重要思想。

隆重的千秋节

唐代中期，唐玄宗一度开创了国富民安的大好局面，史称"开元盛世"。因此，大臣们就考虑着要选个好日子，全国人民一起庆祝。大家商量后，决定把日子定在八月初五唐玄宗的生日这天。

唐开元十七年（729年），宰相源乾曜和张说上书，经唐玄宗同意后，规定每年八月初五这天为千秋节，并写在历书上，向全国公布。

从此，每年的千秋节，唐玄宗都会在兴庆宫内的花萼（è）楼大宴群臣，并举行盛大的乐舞表演。这天，女子会穿上美丽的衣服，在脸上画漂亮的图案，她们走在街头巷尾，构成一道亮丽的风景线。

xiè

谢

茶桌上怎样表示感谢

金文　　　　小篆　　　　楷书

汉字我知道

　　懂得感恩，常说谢谢，是做人需具备的基本礼仪。但想不到吧，"谢"字的本义并不是谢谢。

　　金文"谢"的左边是"射"，表示推出的意思；右边是"言"。这两部分合在一起，就是用言语推出，表示辞去。因此，"谢"的本义是辞去。随着字义的演变，"谢"有了新的含义：可表示凋落，如花谢了；还可表示感谢、认错、道歉等。

日常生活中，主人在为客人倒茶的时候，有的客人会屈起手指，在桌子上叩击几下以示感谢，这是一种表达谢礼的方式——叩手礼，它是从古代的叩头礼演变而来的。

据说有一次乾隆皇帝微服私访在茶馆喝茶时，给官员倒茶，这在正常情况下官员是需要行礼跪谢的，但微服私访又不能行礼，官员情急之下灵机一动，弯起手指在桌面上轻叩三下，当行了三跪九叩的大礼，既保了密又不失礼数。于是，这一习俗就这么流传下来了。

知恩图报的桑下饿人

春秋时期，晋国的赵宣孟在去国都的路上，看到一棵弯曲的桑树下躺着一个快饿死的人，于是给他拿了两块干肉。那人接受了干肉，却不肯吃，因为他想把干肉拿给母亲吃。赵宣孟很感动，又给了他两束干肉和一百枚钱才离开。

过了三年，晋灵公想借着请赵宣孟来饮酒的机会杀掉他，并事先设好了埋伏。赵宣孟在酒宴中看出事情不对劲，起身离开，路上遭到伏兵追杀。关键时刻，一个士兵救了赵宣孟，这个士兵就是当年饿倒在桑树下的人。后来，这个士兵为了救赵宣孟，献出了宝贵的生命。

桑下饿人的行为，充分体现了知恩图报。

qìng

庆

古人贺喜一般会送什么礼物

甲骨文	金文	小篆	楷书

汉字我知道

同学过生日时，我们会送书、笔等小礼物以示庆祝。那古人向他人庆贺时一般会送什么礼物呢？

"庆"的甲骨文由两部分组成，外面是鹿的形状，里面是一颗心，就像鹿皮里面包着一颗心。在古代，祝贺别人家有喜事，一般用鹿皮作为礼物，表示真诚的祝贺，因此"庆"的本义是祝贺。后来，"庆"引申为可庆贺的事或纪念日、赏赐等含义。

古人认为人生有四大喜事值得庆贺：久旱逢甘霖、他乡遇故知、洞房花烛夜、金榜题名时。

久旱逢甘霖：很长时间没下雨，突然下了一场大雨。

他乡遇故知：在异地遇到熟悉的老朋友。

洞房花烛夜：新婚之夜。

金榜题名时：在科举考试中考中进士，荣登殿试录取榜单。

弹冠相庆

汉宣帝时，王吉和贡禹是关系十分亲密的好朋友。后来，王吉和贡禹两人都做了官。王吉总劝汉宣帝少一些铺张浪费，因此汉宣帝十分不高兴。王吉因得不到汉宣帝的喜爱，便辞官回家了。而贡禹也因为惹怒汉宣帝被罢了官。

汉元帝即位后，王吉被召去当谏大夫，贡禹听到这个消息很高兴，就把自己的官帽取出，弹去灰尘，准备戴用。果然没过多久，贡禹也被任命为谏大夫。

后来，人们就用"弹冠相庆"来表示一个人当了官或者升了官，他的同伴就会互相庆贺将有官可做，多含贬义。

shòu

寿

祝人长寿是人们的美好祝愿

金文　　　　小篆　　　　楷书

汉字我知道

　　家中有老人过生日时，我们会给老人拜寿，祝他们健康长寿。那"寿"一直有长寿之意吗？

　　"寿"的金文外面是"老"的上半部分，像一个头上长有头发的老人，用来表示年龄很大，有长寿的意思；里面是"畴"，用来提示字的读音。因此，"寿"的本义是长寿，如万寿无疆。随着字义的演变，"寿"引申为生日，如寿辰。

在古代，无论是帝王还是平民百姓都十分重视寿辰。自唐玄宗把他的寿辰定为"千秋节"起，后世的皇帝纷纷效仿，都把自己的寿辰定为全国性节日，如唐武宗的寿辰叫"庆阳节"，唐宣宗的寿辰叫"寿昌节"。到了明清时期，凡皇帝寿辰统称"万寿节"。

麻姑献寿

传说有位叫麻姑的姑娘，靠做针线活为生。一天，一位户主奖励麻姑一个大桃子，她准备把桃子拿回家和父亲一起吃。半路上，她遇到一个正饿着肚子的老婆婆，就将桃子给老婆婆吃了。老婆婆还想喝粥，麻姑赶紧回家熬粥。

麻姑的父亲听说了这件事，非常生气，将她关了起来。半夜，麻姑盛了一碗粥偷偷溜出家门去找老婆婆，可老婆婆却不见了，老婆婆坐过的地方只有一个桃核，麻姑难过地将桃核捡了起来。

第二天，麻姑把桃核种在院子里。这个桃核很快发芽，长成了一棵大桃树。这棵桃树每年三月结果成熟。三月正是青黄不接的时候，麻姑就摘下桃子接济贫困饥饿的老人。老人们吃了桃子，几天都不觉得饿，身上的病痛也都好了。每年三月麻姑送桃时，人们都说这是"麻姑献寿"。

yíng

迎

宾客到，笑脸相迎

| 金文 | 小篆 | 楷书 |

汉字我知道

　　家里来客人的时候，我们会微笑着到门口迎接。那"迎"的本义是迎接吗？

　　"迎"的金文上部左边是"彳"，用来表示行走；上部右边是"卬"，用来提示字的读音。下部是"止"，表示的是脚。这几部分合在一起就是脚在行走，表示相逢。因此，"迎"的本义是相逢。随着字义的演变，现在"迎"常用的字义有迎接，如迎客、迎宾；也可以引申为迎合等。

　　拱手礼是古代汉族的相见礼。拱手礼有捧手、抱拳等基本手型。捧手是双手在胸前叠合，手形如拱；抱拳是一只手虚握，用另一只手抱住。

　　男子行拱手礼时，右手在内，左手在外；女子行拱手礼时，则左手在内，右手在外。

　　拱手礼适用于平辈之间，对长辈不可行拱手礼。

倒屣（xǐ）相迎

东汉时，有一位著名的文人名叫蔡邕，他才学显著，深受朝廷重用，所以经常有朋友前来拜访。他十分钦佩富有才华的诗人王粲，常对宾客说："王粲才能非凡，我是无法与他相比啊！"

有一天，蔡邕处理公务累了，便躺在床上睡觉。蔡邕睡得正香的时候，家丁忽然跑进来，说王粲登门拜访。蔡邕一骨碌从床上爬起来，赶忙出门迎接。因为太高兴了，蔡邕来不及穿好鞋子，倒穿着鞋子就跑了出去。

成语"倒屣相迎"的意思是急于迎客，将鞋子穿倒了，用来形容热情欢迎宾客。

yàn

宴

古人宴请宾客有什么礼仪

宴 (金文)	宴 (小篆)	宴 (楷书)
金文	小篆	楷书

汉字我知道

生日宴、婚宴、寿宴……生活中有各种各样的宴席。但想不到吧，"宴"的本义并不是宴席。

"宴"的金文外面是"宀"，用来表示房屋；里面是"妟"，是"安"之意。这两部分合在一起，就是安居屋内，表示安闲。因此，"宴"的本义是安闲。随着字义的演变，现在"宴"的常用字义有宴请，如宴客；还有宴席，如设宴、盛宴等。

趣味小知识

　　古人非常注重宴请的礼仪。主人宴请宾客，要发请柬相邀；当客人登门时，主人要在门外迎客。

　　餐桌的座次有着严格的尊卑之分。在宴席上，最尊贵的座次是坐西面东，其次是坐北面南，然后是坐南面北，最末的是坐东面西。

滕王阁盛宴

滕王阁是唐高祖之子滕王李元婴任洪州（今江西南昌）都督时建造的，号称"江南第一阁"。

675年，因重修的滕王阁落成，洪州牧阎伯屿定于九月九日重阳节在那里宴请文人雅士，希望有人来为滕王阁写一篇颂词。当时王勃去探望在交趾（今越南）做县令的父亲，路过南昌，也应邀参加了这次宴会。

阎伯屿原想让有点文才的女婿来写这篇颂词，但他在席间假意逐一邀请与会的文士写，许多人知道阎伯屿的心思，都故作谦虚地推托了。邀请到王勃时，他并不推辞，一气呵成，写下了著名的《滕王阁序》。众宾客看后一致称好，王勃从此名震文坛。

拜

古代表示敬意的一种礼节

金文	小篆	楷书

汉字我知道

　　《三国演义》中有个经典故事——刘备、关羽、张飞在桃园结拜为兄弟。"拜"的金文非常形象，左边是"手"，右边是"麦"，这两部分合起来就表示手持禾麦向神灵行跪拜之礼，以祈求风调雨顺，庄稼丰收。

　　"拜"的本义是下拜，是古代表示敬意的一种礼节。现在"拜"常用的字义有拜谢、拜见等。

我国有"礼仪之邦"的美称，古代有五礼之说，具体是指：

祭祀之事为吉礼，是对天神、地祇、人鬼等的祭祀之礼。

丧葬之事为凶礼，指与凶丧有关的礼节。

军旅之事为军礼，主要指师旅操演、征伐之礼。

宾客之事为宾礼，是诸侯朝见天子的礼节。

冠婚之事为嘉礼，是饮宴、婚冠、贺庆等活动方面的礼节。

八拜之交

北宋时，大臣文彦博听说李稷这个人很傲慢，心中非常不快，就想找机会教训一下李稷。

文彦博担任北京（今河北大名）守备时，有一次李稷（jì）前来拜访，文彦博故意让李稷在客厅等了很长时间才出来见他。文彦博对李稷说道："你的父亲是我的门客，你应该对我拜八拜。"李稷的辈分低，只好向文彦博拜了八拜。文彦博以长辈的身份挫了李稷的傲气。

后来，人们用"八拜之交"来表示世代有交情的两家弟子谒见对方长辈的礼节，又泛指结拜的兄弟姐妹。

gōng

恭

"恭"是一种什么样的处世态度

| 甲骨文 | 金文 | 小篆 | 楷书 |

汉字我知道

　　春节拜年的时候，我们会对别人说"恭喜发财"，这里的"恭喜"是祝贺别人时说的客套话。那"恭"的本义是什么呢？

　　"恭"的甲骨文上面是"龙"；下面是"廾"，是双手的意思。这两部分合在一起，就表示拱手拜龙，即恭敬的意思。因此，"恭"的本义是恭敬。随着字义的演变，"恭"引申为端正、拱揖等意思。

恭，是儒家倡导的一种庄重肃穆的处世态度。孔子将恭作为仁的重要表现之一，除了自己力求做到恭，他教导弟子时也非常强调恭。他说："居处恭，执事敬，与人忠。"意思是，平时的生活起居要端庄恭敬，办事情的时候要严肃认真，对待他人要忠诚。

孔子甚至把恭放在恭、宽、信、敏、惠（即恭敬、宽厚、诚信、勤敏、慈惠）五种行为的首位，并让他的弟子们遵行。

洗耳恭听

传说上古时期，尧听说许由是一个品行高尚的人，便想把帝位让给他。许由不但拒绝了尧，而且连夜逃进深山，隐居不出。

尧觉得许由为人谦虚，更加敬重他，又派人去请他，说："如果许由坚持不接受帝位，则希望他能出来当个九州长。"

不料许由听了，觉得这些话污染了他的耳朵，就跑到溪水边洗耳朵。许由的好朋友巢父恰巧牵着牛在溪边饮水，就问许由为什么要洗耳朵。许由就把原因告诉给巢父。

巢父听后，很生气地说道："谁让你到处卖弄，如今惹出了事情，洗耳朵有什么用，别再把水污染了，水又污染了牛的嘴巴。"说完，巢父就牵着牛朝小溪的上游走去。

"洗耳"原指厌恶听污浊之声，也可形容仔细倾听。成语"洗耳恭听"就指恭敬而专心地倾听。

xiào

孝

让父母吃好穿好就叫孝吗

金文　　　小篆　　　楷书

汉字我知道

　　从小老师就教育我们要孝敬父母，生活中也有不少孝子的典型。"孝"的金文非常形象，上半部分看上去像一个老人，下半部分像一个小孩，这两部分合在一起，就像一个小孩扶着老人行走的样子，用来表示敬重和扶助长者。

　　"孝"的本义是孝敬父母。随着字义的演变，"孝"引申为居丧的礼俗，如守孝；也可以引申为丧服，如披麻戴孝。

孔子的弟子子游问孔子什么是孝。孔子说："当今所谓的'孝'，认为能够供养父母就行了。这么说来，连犬马也有人喂养。若不存孝敬之心，那供养父母和喂养犬马有何区别呢?"

儒家所说的"孝"，不仅仅是让父母吃好穿好，为父母提供好的物质条件，更要敬重和关爱他们。

王祥卧冰求鲤

晋朝时，有一个叫王祥的人，他很小的时候母亲就去世了。继母朱氏对王祥很不好，经常在父亲面前说他的坏话，导致父亲对他也爱搭不理。

可王祥一点都不记恨继母和父亲。一年冬天，王祥的继母生病了想吃鲤鱼。当时天气特别冷，河上结了厚厚的冰，王祥来到河边，光着身子躺在冰上，想用自己的体温融化冰面以捕鱼。

就在这时，冰突然裂开了，从冰缝里跳出两条鲜活的鲤鱼。王祥抓住这两条鲤鱼，高兴地带回家送给继母。

王祥卧冰求鲤的事在十里八乡传为佳话，人们都夸赞王祥是少有的大孝子。

民俗风情

　　我国古代民俗多样，历史悠久。古代的民俗也能从汉字的构造中形象地反映出来。让我们一起通过汉字去看看古代的民俗风情吧。

jì

祭

古人祭拜时用什么物品

| 甲骨文 | 金文 | 小篆 | 楷书 |

汉字我知道

祭拜先人、祭拜天地、祭拜月亮……逢年过节，我们有祭拜的习俗。"祭"的甲骨文非常形象，左边表示手，右边表示肉，这两部分合起来，表示手拿着肉在祭祀。

"祭"的本义是祭祀，也就是对祖先等的供奉，还可以表示对死者追悼的一种仪式。

祭礼起源于向神灵奉献食物。在所有食物中，肉食是最常被用作祭品的食物。古代用于祭祀的肉食动物被称为"牺牲"，指牛、马、羊、猪、鸡、狗等牲畜，后来人们将它们称为"六畜"。在"六畜"中，祭祀时最常用的是牛、羊、猪。

除了食物，玉帛也是十分常用的祭祀物品。

家祭无忘告乃翁

　　爱国诗人陆游出生后不久北宋就灭亡了，他从小就知道没有强大的国家做依靠是多么痛苦的事。因此他立志要好好学习，长大了要像岳飞等英雄一样为国效力。

　　才华横溢的陆游长大后步入仕途，后又投身军旅。为了报效国家，实现自己的宏大抱负，他一次次向朝廷上呈抗金复国的建议。但偏安一隅的南宋统治者只图苟且偷生，根本不理睬陆游的建议。收复中原的理想直到陆游临终之际都没有实现，他离世前写下《示儿》这首诗，其中写道："王师北定中原日，家祭无忘告乃翁。"这句话的意思是："如果有一天大军收复了失地，统一了中原，家里举行祭祀，可千万不要忘记把胜利的喜讯告诉我啊！"

zōng

哪些节日要祭祖宗

甲骨文

金文

小篆

楷书

汉字我知道

　　每年清明节、中元节等节日，我们都要祭拜列祖列宗。那你知道"宗"的本义是什么吗？

　　"宗"的甲骨文外部是"∧"，表示房屋；里面是"丅"，指的是神主。这两部分合起来，就是屋中立有神主，表示这个房屋是祖庙。因此，"宗"的本义是祖庙。现在"宗"的字义有：祖先，如列祖列宗；同一家族的成员，如同宗、宗兄；宗旨、本源，如万变不离其宗等。

　　祭祀祖先是一项非常隆重的民俗活动。在我国传统节日中，除夕、清明节、中元节和重阳节都有祭祖的习俗。

　　在祭祀祖先的同时，有的地方还会祭祀天地、神灵。因各地礼俗不同，祭祖的形式也有差别。

刘邦祭母

相传，刘邦战胜西楚霸王项羽，一统天下后，决定于清明节那天去祭拜母亲。因连年战争，一座座坟墓上长满杂草，墓碑东倒西歪。直到黄昏，刘邦都没找到他母亲的坟墓。

无奈之下，刘邦拿出一张纸，将纸撕成许多小碎片后抛向空中，然后跪下来对天空祈祷："如果母亲在天有灵，就让这些纸片落在您的坟墓上，就算有风也吹不走。"结果真的有纸片落到了一座坟墓上，没被风吹走。刘邦急忙跑过去，看到了刻着母亲名字的墓碑。刘邦十分高兴，马上命人重新整修母亲的墓。此后，每年的清明节他都去母亲的坟前祭拜。

后来百姓纷纷效仿刘邦，每年清明节都到祖先的坟前祭拜，并用小土块压几张纸片在坟上，表示这座坟是有人祭扫的。

jiè

戒

古人祭祀前为什么要斋戒

甲骨文	金文	小篆	楷书

汉字我知道

　　为了我们能健康成长，父母经常教育我们要戒掉不好的习惯，养成早睡早起、多吃瓜果蔬菜等好习惯。但想不到吧，"戒"字一开始的意思并不是戒掉。

　　"戒"的甲骨文中间是一把长戈，左右两边是两只手，这两部分合起来，就像一双手紧握长戈防御敌人。因此，"戒"的本义是防备。随着字义的演变，"戒"引申出戒除、斋戒、戒指等含义。

古人在祭祀之前一定要斋戒，即沐浴更衣，不饮酒、不吃荤，并减少娱乐活动等。值得一提的是，这里所说的"荤"，并不是指肉食，而是指葱、蒜、韭菜、姜等有刺激性气味的菜。

古人提倡的斋戒，其实是对天地、神灵、祖宗的一种敬仰，是消除私心杂念、回归自我的一个历程。

韩信拜将

楚汉争霸时期，夏侯婴将韩信推荐给了刘邦，但刘邦一直没有重用韩信。当刘邦到达南郑的时候，不少将领觉得刘邦大势已去，纷纷离他而去，韩信也离开了。萧何得知消息，赶紧将韩信追了回来。

当刘邦得知萧何将韩信追回来后，生气地说道："军官跑了几十人，你都不去追，怎么把韩信追回来了？"萧何认为军官很容易找到，但天下找不到第二个和韩信一样有才能的人，便对刘邦说："如果您想要称霸，只有韩信能帮您实现。"

后来，刘邦想重用韩信，要任命韩信为大将军。萧何建议刘邦要选个好日子，先斋戒，建造土台，按照任命大将军的礼仪来办。为表诚意，刘邦答应了下来。

韩信做了大将军后，为刘邦打败项羽、建立汉朝立下了汗马功劳。

diàn

奠

古人在哪里祭奠先人

甲骨文	金文	小篆	楷书

汉字我知道

　　当有消防员、警察等不幸因公牺牲后，很多人会自发前去祭奠他们，以示敬意和怀念。那你知道"奠"的本义是什么吗？

　　"奠"的甲骨文字形像盛酒的酒器放在案上，表示将祭品放在案上祭神。因此，"奠"的本义是将祭品放在案上祭神。随着字义的演变，"奠"也有奠定、建立等意思。

趣味小知识

　　早期的祭祀活动是没有固定场所的，随地都可以进行。后来为了表示对祖先和神灵的虔诚之心，古人专门建造了宗庙和祭坛等。

　　古代的祭祀场所有平地（把一块平地打扫干净即可祭祀，是最原始的祭祀场所）、祭坛（用土石堆砌而成的高出地面的平台）、坑穴（在地上挖一个大坑）、宗庙等。

爱国诗人屈原

屈原是战国时期楚国诗人、政治家。他倡导举贤任能，修明法度，力主联齐抗秦，因遭贵族排挤诽谤而被免去官职，被流放到沅湘流域。他在被流放期间，写下了忧国忧民的《离骚》《九歌》《天问》等不朽诗篇。

公元前278年，秦军攻破楚国都城。屈原眼看自己的国家被攻占，心如刀割，于农历五月初五抱石投汨（mì）罗江而死。

屈原死后，楚国的百姓十分哀痛，纷纷到汨罗江边去祭奠、凭吊他。后来，人们为纪念屈原，就把他投江之日定为端午节。

qí

祈

古人是如何祈福的

甲骨文 金文 小篆 楷书

汉字我知道

当亲人生病时，我们会祈祷其早日康复。甲骨文"祈"的字形像带杈的木棍，在杈两端绑着石头，指一种兵器。金文"祈"的左下部分是"单"，指的是武器；其余部分是"旂"，指的是军旗。这两部分合起来，就表示发生战争时在军旗下向上天或者神明祷告求福。

"祈"的本义是向上天或者神明祷告求福。现在"祈"常用的字义还有请求、希望等。

古人经常祈福，庆典前会祈福，出征前也会祈福，而使用吉祥字眼是古人表达祈福的一种常用方式。故宫中很多宫殿的名字带有"福""寿""安""宁""禧"等吉祥字眼，如宁寿宫、坤宁宫、寿安宫、咸福宫、景福宫、延禧宫等。

慈禧太后非常渴望长寿，所以她在颐和园生活的主要场所几乎都是用"寿"字来命名的，如仁寿殿、乐寿堂、益寿堂等。

商汤祈雨

相传，商汤推翻夏朝建立商朝后，天大旱，连续五年庄稼颗粒无收，老百姓生活非常艰难。于是商汤在都城外的桑林祈祷："我一人有罪，不要连累万民；万民有罪，都归在我一人身上。不能因我一个人的过失，让天下所有人受到责罚。"接着他剪掉了自己的指甲和头发，以自己作为祭品，向天帝祈求赐雨。

商汤勇于为百姓牺牲的精神感动了天帝，过了不久，天上就下起了大雨，解除了旱情。

zhù

祝

向别人表达美好祝愿

| 甲骨文 | 金文 | 小篆 | 楷书 |

汉字我知道

现在，每逢中秋节、国庆节等节日，人们都会通过发微信、打电话等方式互祝节日快乐。

"祝"的甲骨文非常形象：左边的"T"表示灵石，是神灵的意思；右边是一个面朝左边跪着的人的模样。这两部分合在一起，就表示向神灵祈祷。因此，"祝"的本义是祈祷。现在"祝"常用的字义有向别人表达美好祝愿，如祝寿、祝福等。

古时，人们恭贺亲戚朋友家生了小孩，在贺词里往往会写弄璋之喜或弄瓦之喜。

"弄璋"是指家里生了男孩。因为古人常把璋（古代的一种玉器）给男孩子玩，所以用弄璋之喜来恭贺人家生了男孩。

"弄瓦"是指家里生了女孩。因为古人常把瓦（纺锤）给女孩子玩，所以用弄瓦之喜来恭贺人家生了女孩。

不愿接受他人祝福的唐尧

唐尧是上古部落联盟的首领。一天，他在华州巡游，守卫华地疆界的人对他说："圣人，请您接受我的祝福，祝您长寿。"唐尧说道："请你不要这样说。"

"那我祝您富有！"守卫华地疆界的人说道。唐尧说："请你不要这样说。"

"那我祝您多子多孙。"守卫华地疆界的人继续说道。唐尧依然说："请你不要这样说。"

守卫华地疆界的人问唐尧："长寿、富有、多子多孙都是人们希望得到的，您却不希望得到，这是为什么呢？"

唐尧回答说："多子多孙会使人畏惧，富有会招惹祸事，长寿会让人蒙受更多屈辱，这三样无助于修养无为而治的德行，所以我不愿意接受你的祝福。"

fú

祈福，求福运

| 甲骨文 | 金文 | 小篆 | 楷书 |

汉字我知道

    每年春节，很多人家都会在屋门和门楣等处贴上大大小小的"福"字。春节贴"福"字，是我国民间由来已久的风俗。

    "福"字的甲骨文字形像双手握着酒樽在祭桌前祭祀，用来表示希望得到福运。因此，"福"的本义是求福，即祈求神祇的保佑、降福，又引申为封建时代妇女行礼致敬。现在"福"的常用字义为幸福、福气。

趣味小知识

提到蝙蝠，你可能会有不适感，一是它长得奇怪，在影视剧、小说中往往不受人欢迎；二是它会传播多种疾病。

然而，在古人心中，蝙蝠是吉祥物，是福的象征。古人用蝙蝠、仙桃、鹿表示"福寿禄"。古代装饰图案中，常把蝙蝠和仙桃放在一起来表示"多福多寿"，用蝙蝠和石榴来表示"多子多福"，甚至在门楣、家具上雕刻蝙蝠，祈求福运降临。

塞翁失马，焉知非福

古时候靠近边塞的地方，有一个擅长推测吉凶祸福的人。一天，他家的马跑到了胡人那里，邻居们都过来安慰他，他却说："说不定马丢了是好事呢！"

几个月后，那匹走丢的马回来了，还带回来一匹胡地的马。邻居们都来向他祝贺，他却担忧地说道："不知道这是不是坏事呢？"

后来，他的儿子骑着马出去玩，不小心从马背上摔了下来，将腿摔断了。邻居们都来探望他儿子，他却说道："说不定这是一件好事呢！"

过了一年，胡人入侵，村里所有的青壮年都上战场作战，很多人战死在战场上。而他的儿子却因腿跛了，免服兵役，得以保全性命。

"塞翁失马，焉知非福"这个典故比喻虽然暂时受到损失，但从长远来看，也有可能得到好处。

huì

讳

古代为何要避名讳

金文　小篆　楷书

汉字我知道

　　古时候，人们在生活中有很多忌讳，如写文章、说话时遇到尊长的名字不能直接写出来或讲出来，以示对尊长的尊重。

　　"讳"的金文非常形象，左下部分是"㑇"，表示说话；右上部分是"㐬"，表示背离。这两部分合在一起，就表示避讳。因此，"讳"的本义是避讳，如直言不讳。随着字义的演变，"讳"还有隐瞒的意思，如讳疾忌医。

趣味小知识

　　我国古代有"避名讳"的说法。"名讳"，旧时指尊长或君王等的名字。秦始皇统一天下后，皇权至高无上，之后的朝代对"避名讳"也越来越严格。

　　比如，因为唐朝皇帝姓"李"，"李"与"鲤"谐音，要避讳，所以唐朝法律规定：如果捕鱼的时候抓到鲤鱼，要立马放生。如果有人卖鲤鱼，就会受到刑罚。那时候鲤鱼也不叫鲤鱼，而是被称为"赤鯶（huàn）公"。

讳疾忌医

战国时期，名医扁鹊去见蔡桓公。他在蔡桓公身边站了一会儿，说："您有病，病在皮肤里，如果不赶快医治，病情很快就会加重。"蔡桓公笑着说："我没有病。"

过了十天，扁鹊又去见蔡桓公，并告诉他病已经发展到皮肉之间了，要及时医治，否则病情会加重。蔡桓公没有理睬他。

十天后，扁鹊再一次去见蔡桓公，并告诉他病已经发展到肠胃了，再不赶紧医治就会更严重。蔡桓公仍然没有搭理他。

又过了十天，扁鹊老远望见蔡桓公，这次他什么都没有说，只看了几眼蔡桓公，转身就走。蔡桓公觉得奇怪，就让人去问扁鹊。扁鹊说蔡桓公的病已经深入骨髓，没有办法医治了。不久后，蔡桓公就病死了。

成语"讳疾忌医"原指隐瞒疾病，害怕医治；现常比喻掩饰自己的缺点和错误，不愿改正。

qǔ

古人娶亲时聘礼中为何要有大雁

甲骨文　　　　金文　　　　小篆　　　　楷书

汉字我知道

《西游记》里，猪八戒在高老庄娶亲的情节让我们印象深刻。无论是古代还是现代，娶亲仪式都很热闹欢庆。那"娶"的本义是什么呢？

"娶"的甲骨文左边是"女"，右边是"取"，这两部分合起来就是"取女"，即"娶妇"。因此，"娶"的本义是男子迎接女子过门成亲，这个字意一直沿用至今。

　　无论是古代还是现代，结婚都是一件大事。古时候结婚是需要有聘礼的，但你一定想不到，古时候的聘礼中竟然有大雁。

　　古人结婚需要经过很多环节，其中有一个环节是纳彩，就是男方请媒人到女方家提亲后，如果女方同意，男方就要准备一只大雁作为彩礼，前去求婚。

　　为什么要送大雁呢？这是因为大雁象征着忠贞不渝。

赵明诚求娶李清照

宋代著名女词人李清照在少女时期就已经小有名气了。赵明诚爱慕李清照，想娶她。起初赵明诚不知道怎么向父亲赵挺之开口，便以字谜的方式，委婉地向父亲提道："我昨晚梦见自己在看书，睡醒后却只记得书中有三句话：'言与司合，安上已脱，芝芙草拔。'您知道这个梦是在给我指示什么吗？"

赵挺之说道："'言与司合'是'词'字，'安上已脱'是'女'字，'芝芙草拔'是'之夫'二字。合起来的意思是'词女之夫'。"

赵明诚一脸疑惑："那意思是我要娶一位会作词的女子做妻子了。汴京有这样的女子吗？"

赵挺之脱口而出："李清照呀！"

不久，赵挺之、赵明诚便到李府提亲。李清照嫁给了赵明诚，婚后两人情投意合，恩爱有加。

德才兼备

　　古代的先贤曾说，人要先学会做人，品德好了，还有余力，就可以学习知识了。可见，自古以来，德才兼备一直是人们追求的目标。那么，什么是"德"、什么是"才"呢？古老的汉字会告诉我们答案！

shèng

圣

什么样的人才能被称为圣人

甲骨文	金文	小篆	楷书

汉字我知道

《西游记》里，孙悟空又称齐天大圣，他本领十分高强。那你知道"圣"的本义是什么吗？

"圣"的甲骨文上半部分像一只耳朵；下半部分的左边是"口"，右边像一个站立的人。这三部分合在一起，就表示耳聪、口善辩，形容聪明非凡。因此，"圣"的本义是聪明非凡。后来"圣"又引申为对某门学问、某项技艺有很高造诣的人，如诗圣；或德行高尚的人，如圣人；还可以指封建帝王，如圣上。

在我国历史上，出现过很多被称为"圣人"的人，比如：

文圣：孔子，春秋末期思想家、政治家、教育家，儒家学派创始人，修订《诗》《书》《礼》《易》《乐》《春秋》等"六经"，创办私学。

武圣：关羽，东汉末年名将，追随刘备，镇守荆州，威震华夏。

书圣：王羲之，东晋书法家，他的作品《兰亭序》有"天下第一行书"之称。

医圣：张仲景，东汉末医学家，写出了传世巨著《伤寒杂病论》。

张仲景研制御寒偏方

一年冬天，天气特别冷，大雪纷飞，张仲景在路上看到许多人缺衣少食，耳朵都被冻坏了，十分心疼。

张仲景回到家后，经过研究，研制了一个可以御寒的食疗偏方，并将其取名为"祛寒娇耳汤"。祛寒娇耳汤就是把羊肉和一些祛寒的药物放在锅里一起煮，煮熟后，捞出来切碎，用面皮包成耳朵的形状，再下锅用原汤煮熟。人们吃下这种食物后，会感觉身体发热、两耳变暖。所以，张仲景给它取名为"娇耳"。

后来，经过几代人的改良，"娇耳"变成百姓喜欢吃的主食。现在，人们将其称为"饺子"。

dé

德

品行高尚才能称有德

| 甲骨文 | 金文 | 小篆 | 楷书 |

汉字我知道

在我国悠久的历史长河中，涌现了孔子、孟子、屈原等众多品德高尚的人，他们都值得我们学习。那"德"的本义是品德吗？

"德"的甲骨文左边是"彳"，表示行动；右边是一只眼睛及其上面的一条垂直的竖线。这两部分合在一起，就是目不斜视，表示有道德。因此，"德"的本义是道德。随着字义的演变，"德"还有恩惠之意，如感恩戴德；也有心意的含义，如同心同德。

古人非常注重品德和操守，他们不仅严格要求自己，还非常重视对子女的道德教育。

《诫子书》是诸葛亮给儿子诸葛瞻写的家信，其中有一句写道："夫君子之行，静以修身，俭以养德。"这句话是强调君子要修身和养德，修身需要静思反省，养德则要注重节俭。

德高望重

北宋名臣富弼从小勤奋读书，长大后踏上仕途，曾先后担任宋仁宗、宋英宗、宋神宗三朝重臣。

1042年，北方的契丹国要求宋朝割让领土，富弼作为使者前往敌营谈判，成功劝说契丹放弃了割地的要求。他曾两次出使契丹，为国家立下了汗马功劳。

1048年，黄河决口，洪水泛滥，数十万灾民涌向京东地区。富弼为难民腾出房屋居住，将官仓中的存粮，以及向当地百姓募集的粮食，全部发给难民。

北宋史学家司马光在称颂富弼时说道："三世辅臣，德高望重。"

成语"德高望重"指品德高尚，名望很大，多形容年长而名望高的人。

zhōng

忠

忠诚无私是一种美德

金文　　　　小篆　　　　楷书

汉字我知道

　　苏武、文天祥、郑成功……历史上有很多为国尽忠的人，他们的事迹传颂至今。"忠"的金文非常形象，上面是"中"，指内心；下面是"心"，指心力。这两部分合起来，表示竭尽自己的心力。

　　"忠"的本义是尽心竭力、忠诚无私，如忠于祖国。由其本义引申为忠厚、忠贞、忠良等。

　　三国时，诸葛亮北上伐魏前，给后主刘禅写了一篇表文，即传诵千古的《出师表》。文中，他透彻地分析了当时的内外形势，语重心长地劝诫后主刘禅要"开张圣听"（广泛地听取别人的意见）、"亲贤臣，远小人"（亲近贤臣，疏远小人）、"咨诹善道，察纳雅言"（征求好的建议，明察采纳正确的言论）。"忠诚"二字在诸葛亮身上体现得淋漓尽致，表现出他"报先帝而忠陛下"的决心。

尽忠报国的岳飞

岳飞是南宋抗金名将。他从小勤奋好学，并练就了一身好武艺。长大后，他见金兵屡犯中原，立志从军保家卫国。在他从军前夕，他的母亲在他背上刺下了"尽忠报国"四个字。

岳飞从军后英勇善战，屡立战功，成为受人尊敬的将领。他率领岳家军与金兵作战，一连收复了几座城池。正当岳飞取得节节胜利时，宋高宗赵构却听从卖国贼秦桧的奸计，在一天中连下了十二道金牌召岳飞回京，后来还以"莫须有"的罪名杀害了岳飞。

　　岳飞遇害时只有三十九岁。他一生谨记母亲的教诲，始终秉持爱国之心。

rén

仁

待人和善、关爱他人方为仁

金文　　　　小篆　　　　楷书

汉字我知道

　　文景之治、贞观之治、永乐盛世……我国古代历史上出现了不少安定兴盛的时代，这些朝代的皇帝不仅采取了有力的施政措施，而且对待百姓宽厚仁爱。

　　"仁"的金文外面是"人"，里面是"二"，合起来表示两个人，两个人在一起却不相争，形容和善。因此，"仁"的本义是和善。现在"仁"还用来表示果核中的种子部分或可吃的部分，如枣仁、杏仁等。

仁、义、礼、智、信是儒家提倡的为人准则。仁，指做人必须善良，有良知；义，指做人要有正义感，公正无私，勇于奉献；礼，指以礼待人，与人真心相待；智，指明白是非、曲直；信，指守信用、讲信义，对自己说过的话负责。

刘备携民渡江

东汉末年，刘备、诸葛亮在新野大败曹军后，移驻在樊城。曹操为了报仇，亲率大军，兵分八路，杀奔樊城而来。

樊城兵力不足，诸葛亮料定抵挡不住，便劝刘备放弃樊城，渡过汉水，往襄阳退去。刘备不忍抛弃跟随多时的百姓，就派人在城中遍告，百姓愿跟随者，可一同渡江。城中百姓都表示愿生死相随。于是刘备令关羽安排船只，让百姓渡江。刘备到了南岸，见江北还有很多百姓，急令关羽催船速去渡百姓过江，直到看到剩下的百姓基本都顺利渡江了，才上马离去。

携民渡江这件事，使刘备宽厚仁爱的名声在中原地区广为流传，刘备也因此深得民心，为日后蜀汉的建立奠定了坚实基础。

xìn

信

说到做到，不撒谎骗人

信	信	信
金文	小篆	楷书

汉字我知道

　　向别人借东西，要言而有信按期归还，因为诚信是做人的根本，不讲诚信的人很难在社会上立足。

　　"信"的金文左边是"人"，右边是"言"，这两部分合起来，表示人说出的话是真实的。因此，"信"的本义是语言真实。随着字义的演变，现在"信"常用的字义有信用、相信、信仰、信息等。

　　信守诺言是中华民族的传统美德，历史上很多名人留下了关于守信的名言：

　　孔子："言必诚信，行必忠正。"

　　墨子："言不信者行不果。"

　　韩非子："小信成则大信立。"

　　晁（cháo）说之："不信不立，不诚不行。"

商鞅立信

战国时期，商鞅准备在秦国变法，法令已准备就绪，还没有公布。他担心老百姓不相信自己，于是命人在都城南门前放置一根粗壮的木头，并张贴告示说："谁能将木头搬到北门，赏十金。"百姓看到后议论纷纷，却没有人相信，因此无人去搬木头。商鞅又张贴告示说："谁能将木头搬到北门，赏五十金。"

有一个小伙子说："让我试试看吧！我搬了后，要是官府给赏钱，说明他们讲信用，往后我们就听他们的；如果官府不给赏钱，就说明他们愚弄百姓，他们往后说得再好，我们也不信他们了。"说罢，小伙子把那根木头搬到了北门。

商鞅听到这一消息，马上命人赏给那个小伙子五十金。商鞅此举赢得了百姓的信任，最终法令得以顺利颁布。

器

有才能的人才会得到器重

金文　　　　小篆　　　　楷书

汉字我知道

　　三国时的诸葛亮，智慧超群，深受刘备器重。历史上还有很多有才能的人得到了帝王的器重。但想不到吧，"器"的本义并不是器重。

　　"器"的金文外面是四个口，表示很多器物；中间是"犬"。这两部分合起来，就像把许多器物放在一起，犬在器物堆放的地方看守。因此，"器"的本义是指犬看守的器物。现在"器"的常用字义有器重；也可以指才能、人才，如大器晚成；还可以指生物的器官，如消化器官。

123

《礼记》中有这样一段话："玉不琢，不成器；人不学，不知道。是故古之王者，建国君民，教学为先。"

这段话的意思是："玉石如果不加以打磨雕琢，就不能成为可用的器物；人如果不学习，就不会明白各种道理。所以，古代君主在建设国家、统治人民的时候，都会把教育当作首要任务。"

古人尚且知道学习的重要性，我们作为新时代的少年，更要珍惜学习时光，好好学习。

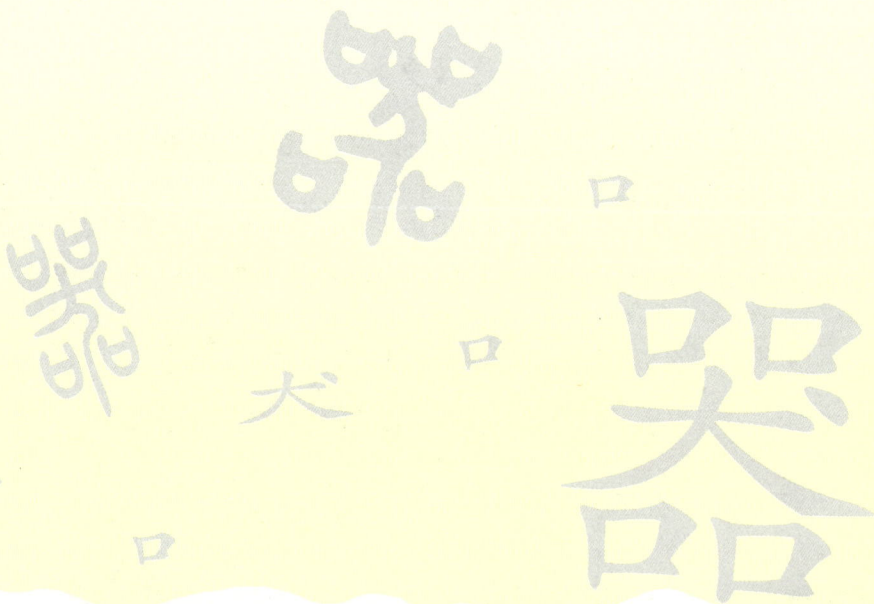

大器晚成

东汉末年，有一个叫崔琰的人，他通过努力，学习了不少知识，学问渐渐多了，成了袁绍手下的一名谋士。后来，曹操打败了袁绍。曹操早就听说崔琰学识渊博，便劝说他归顺自己。崔琰投到曹操麾下后，秉公办事，为曹操出了不少好主意，深受曹操器重。

崔琰有一个堂弟叫崔林，崔林年轻时一事无成，大家都看不起他，但崔琰很器重他，常对身边的人说："才能很高的人需要长时间磨炼才能成功，崔林将来一定能成器。"果不其然，后来崔林真的成为利国利民的有用之才。

成语"大器晚成"指能担当大事的人物要经过长期的锻炼，所以取得成就比较晚，后来也指年纪较大后才成才或成名。

wén

文

有文采，令人折服

| 甲骨文 | 金文 | 小篆 | 楷书 |

汉字我知道

　　在悠久的历史长河中，留下了很多富有文采的诗文，散发着独特的魅力。那"文"的本义是指文采吗？

　　"文"的甲骨文看上去像一个肚子大大的、正面站立、身上有装饰的人。"文"的本义是彩色交错的花纹。随着字义的演变，"文"常见的字义有文采、文雅；也有文化、文辞、文章等意思；还可以作量词，如一文钱。

在我国历史上，父子都非常有文采的，代表有"三曹""三苏"。

"三曹"指三国时的曹操与其子曹丕、曹植，他们是建安文学的代表人物。其中，曹操是建安文学的开创者，曹植是三人中文学造诣最高的，他的代表作有《七步诗》《洛神赋》等。

"三苏"指北宋时的苏洵和他的儿子苏轼、苏辙，他们同是唐宋八大家之一，在中国文学史上占有重要地位。人们称赞他们"一门父子三词客"。

富有文采的李白

唐代诗人李白少年时便显露才华，精通诗书，青年时便以诗文名满天下。

李白四十多岁时，遇见著名诗人贺知章。当贺知章读到他的《蜀道难》时，惊叹道："你真是一位被贬谪到人间的仙人啊！"从此"谪仙"这个称号不胫而走。李白也因此被人们称作"诗仙"。

李白被认为是自屈原以后最伟大的浪漫主义诗人。他的诗富有文采，散发着瑰丽的色彩。他的《蜀道难》《将进酒》《早发白帝城》等作品，已成为千古传诵的佳作。杜甫这样评价他："笔落惊风雨，诗成泣鬼神。"

cái

才

有才能，才华出众

甲骨文	金文	小篆	楷书
屮	十	才	才

汉字我知道

　　小明写得一手好字，丽丽唱歌十分好听……身边的同学有各种各样的才能，值得我们学习。

　　"才"的甲骨文非常形象，像草木的嫩芽刚刚长出来。古人常用草木来比喻人，说人像草木一样，刚出生的时候就具备一定的能力。因此，"才"的本义是才能、才智，如口才、多才多艺。"才"还可以表示刚刚、只，比如才过了两天。

"秀才"一词，现在泛指读书人，古时不同朝代"秀才"的含义是不同的。

"秀才"最早出现于春秋时期，原本指才能优异的人。汉朝时，"秀才"是地方官员向朝廷举荐的优秀人才之一。隋朝开科取士，最初也称为"取秀才"——这时的"秀才"成了考中功名者的指称。唐朝初期，科举考试中设立秀才科，在各科中地位最高。后来，秀才科被废除，"秀才"一度成为读书人的统称。到了明清时期，则称入府学、州学、县学的生员为"秀才"。

才高八斗

南朝宋时，有一个叫谢灵运的人，他写的诗艺术性非常强，尤其注重形式美，受到文人雅士的推崇，人们争相抄录他的诗。

宋文帝非常赏识谢灵运的才能，就把他召到京城做官，并称他的诗作和书法为"二宝"。有一次，谢灵运说道："天下的才能共有一石（石是一种容量单位，一石等于十斗），其中曹植占据了八斗，我只得一斗，天下的其他人共占一斗。"

后来，人们就称曹植为"八斗之才"，并用"才高八斗"来形容极有才华的人。

zhuó

卓

高超，能力超群

甲骨文	金文	小篆	楷书
卓	卓	卓	卓

汉字我知道

邓稼先被誉为"两弹元勋"，袁隆平被誉为"杂交水稻之父"……许多科学家为我国的科技事业做出了卓越贡献。但想不到吧，"卓"的本义并不是卓越。

"卓"的甲骨文上面是简化了的"鸟"字，下面是"毕"，指捕捉鸟兽的器具，这两部分合起来表示用毕罩住鸟，因此"卓"的本义是罩。现在"卓"的本义已经不再使用，常用的字义有高而直、高超，如卓立、卓见、卓越等。

形容一个人优秀卓越，可以说他"卓尔不群"。这个成语最初说的是汉景帝的儿子，河间献王刘德。

汉景帝刘启有十四个儿子，除刘彻（汉武帝）及刘德外，大都是不学无术之人。刘德酷爱读书，将毕生精力用在了对中国文化古籍的收集和整理上。《左传》和《毛诗》能流传于世，就是刘德的功劳。东汉史学家、文学家班固在《汉书》中为汉景帝的十四个儿子立传时，颇有感触地称赞刘德"夫唯大雅，卓尔不群（只有献王刘德道德高雅，卓尔不群）"。

艰苦卓绝

北宋理学家邵雍，自幼读书非常用功，喜欢读各种各样的书籍。邵雍认为只在屋里学习，会和外界中断联系，便决定出去游历。他游历了很多地方，最后回到洛阳，专心治学。

后来，邵雍认识了共城县令李挺之。李挺之是北宋的易学家，博学多才，他非常欣赏邵雍刻苦学习的精神，就把自己所学都传授给了邵雍。邵雍凭借聪明才智和艰苦卓绝的精神，经过多年的努力，终于成为著名理学家。

成语"艰苦卓绝"形容十分坚忍刻苦，超过寻常。

xué

学

好好学习，才能有学问

| 甲骨文 | 金文 | 小篆 | 楷书 |

汉字我知道

日常生活中，我们通过听讲、阅读、参观等方式，学习各种知识。那"学"的本义是学习吗？

甲骨文"学"下面的"∧"表示房屋；上面里边的"乂"表示架在屋顶上的木料，外边的"钅钅"像两只手。这三部分合在一起，像两只手拿着木料朝房顶上架放的样子。因此，"学"的本义是建造或者拆毁房屋。现在"学"的本义已经不再使用，而是引申为学习；也可指学问，如博学多才、品学兼优；还常用来表示学校，如小学。

太学是我国古代的最高学府。"太学"一词，在西周时就已经有了，但那时的太学将布政、祭祀、学习等活动都放在一起，还算不上是专门培养人才的地方。

太学成为我国古代最高学府，始于汉武帝时期。西汉时，只有私学，没有官府设立的学校。后来，汉武帝采纳了董仲舒的建议，"罢黜百家，独尊儒术"，并在长安（今陕西西安）建立了太学。

头悬梁读书的孙敬

东汉时，有个叫孙敬的人十分好学，他常年闭门谢客，苦读诗书。

孙敬经常通宵达旦地读书，读累了也不休息。他怕打瞌睡影响学习，就找来一根绳子，将绳子的一头牢牢地绑在房梁上，另一头则系在自己的头发上。这样一来，当他打瞌睡时，只要头一低，绳子就会扯住他的头发，他立即就清醒了，然后继续读书学习。

经过年复一年的刻苦学习，孙敬变得博学多才，成为一位通晓古今的大学问家。

shí

识

有学识更受人尊敬

金文　　　　小篆　　　　楷书

汉字我知道

　　说到"富有学识"，你可能会立即想到孔子、老子、孟子、庄子等我国古代的大思想家，他们的思想和学说影响深远。但你想不到吧，"识"的本义并不是学识。

　　金文"识"的里面是"言"，外面是"戈"，这两部分合起来就表示有标记的旗帜。因此，"识"的本义是有标记的旗帜，读作"zhì"。"识"读作"shí"时，有知识、见解之意，如远见卓识；还有知道、认识等含义。

对于有学问的人，古代有多种称呼，如：

博士：秦汉时期，博士是负责掌管书籍文典、编撰著述等官职，后来成为学术上专通一经或精通一艺、教授生徒的官职。

方家："大方之家"的简称，本义是深明大道的人，后多指精通某种学问、艺术的人。

鸿儒：指学识渊博、造诣极高之人。

识时务者为俊杰

东汉末年，诸葛亮曾在隆中（在今湖北襄阳）生活多年，在此期间他阅读了大量经史和诸子百家的著作，学到了很多历史、政治、军事等方面的知识；他还善于分析当前的政治形势，形成了一套独到的政治见解。

当时，刘备投靠的是荆州牧（荆州的最高官员）刘表。刘备觉得要想干大事，就需要有足智多谋的人辅佐。刘备听说司马徽很有名气，就去拜访他，并询问他对天下局势的看法。司马徽说："儒生俗士，岂识时务？识时务者在乎俊杰。此间自有伏龙、凤雏。"即在司马徽看来，能认清天下大势的人，在襄阳只有诸葛亮和庞统。于是，刘备三顾茅庐，请出诸葛亮辅佐自己。后来，诸葛亮协助刘备建立并稳定了蜀汉。

成语"识时务者为俊杰"指能认清时代潮流、了解事物发展规律的，是杰出的人物。

zhì

智

什么叫大智若愚

| 甲骨文 | 金文 | 小篆 | 楷书 |

汉字我知道

田忌赛马、围魏救赵、空城计……历史上有很多以智取胜的故事，足见智慧的巨大作用。

"智"的甲骨文非常形象，下面的"口"和上面右边的"矢"构成"知"，这几部分合在一起，表示聪明。因此，"智"的本义是聪明。随着字义的演变，"智"还有智慧、见识等含义。

在古代，有一种职业叫谋士，特别是在春秋战国时期，有很多人从事这个职业。那么，谋士是做什么的呢？简单地说，就是出谋划策。他们常以门客、幕僚、军师等身份，为自己的主人、主公出谋划策。

比如，范增就是西楚霸王项羽的主要谋士，他辅助项羽大败秦军，打赢巨鹿之战，并帮助项羽称霸诸侯。

大智若愚

　　欧阳修是北宋时期的政治家、文学家、史学家。宋神宗时，王安石任宰相，推行变法。欧阳修与王安石的政见不合，就辞官还乡了。

　　苏轼给欧阳修写了一封信，赞扬欧阳修的品行。这封信的大意是：你的政绩、文采都那么好，德行更是完美无缺。你有很高的才华，却因为不受重视而无法施展。你不得已才说自己没有能力，选择在壮年辞官。从表面上看你很胆小，其实是真正的勇敢；从表面上看你很愚笨，其实是有大智慧的体现。

　　成语"大智若愚"指有智慧、有才能的人表面上看起来好像很愚笨。

zhì

志

有志者事竟成

金文	小篆	楷书

汉字我知道

　　"为中华之崛起而读书"是周恩来总理在少年时期立下的宏伟志向。我们要树立远大的志向，并坚定地朝着目标努力。那么，"志"的本义就是"志向"吗？

　　"志"的金文上半部分是"止"，是前往、行进的意思；下半部分是"心"，是心愿的意思。这两部分合在一起，就表示志向。因此，"志"的本义是志向。此外，"志"还有志气、意志等含义。

　　一个人只有树立远大的志向，并为此不懈奋斗，才能有所作为。古代很多名人留下了关于志向的名句：

　　陈胜："燕雀安知鸿鹄之志哉！"

　　刘秀："有志者事竟成也！"

　　曹操："老骥伏枥，志在千里；烈士暮年，壮心不已。"

　　范仲淹："先天下之忧而忧，后天下之乐而乐。"

　　顾炎武："天下兴亡，匹夫有责。"

众志成城

春秋时期，周景王为了敛财，命人铸造了大钱币。他为了个人享乐，又想造一口大钟。

乐官伶州鸠劝阻周景王说："钟讲究的是和谐，如果百姓心生怨恨，还谈什么和谐呢？"他引用民谚"众心成城，众口铄金"来强调自己的观点：老百姓都拥护的事情，没有不成功的，它会像城堡一样牢固；老百姓都唾骂的事情，没有不失败的，即使它坚如金铁，也会被销熔。但周景王不听劝谏，仍劳民伤财铸造了大钟。不久，周景王去世了，周王朝也爆发了内乱。

成语"众志成城"比喻众人同心协力，团结一致，力量将无比强大。

dá

达

对人宽容，通达事理

甲骨文	金文	小篆	楷书

汉字我知道

　　乐观豁达是一种积极的人生态度。北宋文学家、书画家苏轼为官期间多次被贬，但他始终乐观豁达，留下了很多经典词作。那"达"的本义是豁达吗？

　　"达"的甲骨文字形像人在行走，表示畅通无阻，因此"达"的本义是畅通。现在"达"常用的字义有到达、表达；也可以表示明白，如通达事理；或者指明智的人，如社会贤达；还可以表示显贵，如达官贵人。

汉宣帝刘询是一位明达事理，懂得体恤百姓的皇帝。刘询原名刘病已，他之所以改名是因为他的名字"病已"两个字太常用了，常常有百姓因不小心犯名讳而入罪。于是，汉宣帝就改名为刘询。

在汉宣帝统治期间，他开创了著名的"孝宣之治"，使西汉由衰微走向复兴。

通达事理的蔺相如

战国时期，蔺相如因完璧归赵有功，被封为上卿。大将军廉颇很不服气，生气地说道："我为国家立下过汗马功劳，可蔺相如就凭三寸不烂之舌，升到了比我还高的职位。要是让我遇见蔺相如，我一定要好好羞辱他一番。"

廉颇说的话传到了蔺相如的耳朵里，为了避免发生冲突，蔺相如故意躲着廉颇。蔺相如的门客以为他怕廉颇，蔺相如解释说："秦国不敢攻打我们赵国，就是因为有我和廉将军。我退让、包容廉将军，是为了国家利益着想。"

廉颇得知后，十分佩服蔺相如通达事理、以大局为重，羞愧的他脱下衣服，背上荆条，到蔺相如府上请罪。两人冰释前嫌，成了很好的朋友。

yǒng

勇

有勇气才无所畏惧

金文	小篆	楷书
甬	勇	勇

汉字我知道

　　蒙恬是秦朝的著名将领，曾率领大军抵御匈奴的入侵，名声威震匈奴，有"中华第一勇士"的美誉。那"勇"的本义是什么呢？

　　"勇"的金文下部是"用"，表示敢用。"勇"的小篆左边是"用"，右边是"戈"（或者"力"），这两部分合起来指的是敢用戈（或者力），表示有胆量。因此，"勇"的本义是有胆量。现在常引申为不推诿，如勇于承担。

　　勇敢的人不一定是什么大人物，也可以是一名小人物。宋朝时的隗顺只是一名狱卒，但他做的事情令人敬佩。

　　岳飞被人陷害致死，因害怕受牵连，没有人敢埋葬他。隗顺冒着生命危险将岳飞的遗体掩埋在九曲丛祠旁，并在死前将此事告诉了自己的儿子。岳飞得以平冤昭雪之后，隗顺的儿子将此事告知官府，岳飞的遗骨最终得以埋葬在杭州西湖畔栖霞岭。

匹夫之勇

刘邦当上皇帝之后，在洛阳宫摆下宴席。席间，他对大臣们说："我之所以能够当上皇帝，是因为我知道每个人的特长，也懂得如何让每个人都发挥出自己的特长。"

说完，刘邦让韩信谈谈他的看法。韩信说道："我曾当过项羽的部下，很了解他的性情、才能和做法，他虽然很勇敢、很善战，但是他不知道如何使用人才，导致他手下的一些贤臣良将没有发挥出自己的长处。所以，项羽虽然勇猛，但只是匹夫之勇，缺乏谋略。而皇上您善于用人，且把天下分封给有功劳的将士们，大家都很佩服您，所以您能得天下。"

成语"匹夫之勇"指不用智谋，单凭个人蛮干的勇气。